Veronika Hug

CROSS CAP für Kids

MÜTZEN SCHNELL GESTRICKT

INHALT

Veronika Hug

CROSS CAP für Kids

MÜTZEN SCHNELL GESTRICKT

CV

CROSS CAP for Kids

Endlich gibt es die einfachste Mütze der Welt auch für Kinder. So können alle Mamis, die eben erst das Stricken gelernt haben, für den kleinen Schatz etwas Schickes zaubern. Die Cross Cap schützt nicht nur vor der eisigen Kälte, die coolen Mützen kommen auch noch mit einem tollen Design daher. So werden die modebewussten Kids gern nach der Mütze greifen, bevor sie das Haus verlassen. Und damit auch garantiert jeder seine Lieblings-Kopfbedeckung bekommt, findet ihr neben klassischen Strickmützen auch jede Menge hippe Caps, lässige Beanies und tierische Outfits. Bei einigen Modellen gibt es als Dreingabe noch eine Anleitung für ein passendes Accessoire – einen Schal, einen Loop oder sogar einen Rock.

Und wenn die Kids dann voller Stolz mit Mamas Eigenkreation in der Schule auftauchen, wird es nicht lange dauern, bis der erste Fan ankommt und fragt: „Kann ich auch so eine Mütze haben?“. Warum nicht – der nächste Kindergeburtstag kommt bestimmt und Selbstgestricktes liegt hoch im Kurs!

Ich wünsche viel Spaß mit den neuen Mützen!

Veronika Hug

Wenn ihr mehr über mich und meine Bücher und Zeitschriften erfahren möchtet, dann besucht mich doch gerne unter www.RedaktionHug.de

CRASHKURS CROSS CAP

Das **GRUNDMUSTER** der Cross Cap ist kraus rechts. Dafür nach dem Anschlagen der Maschen in den Hin- und Rückreihen alle Maschen rechts stricken. Wichtig ist eine schöne Randmasche. Hierfür am Reihenende die Masche stets wie gewohnt rechts abstricken. Nach dem Wenden zum Reihenbeginn die Randmasche wie zum Linksstricken abheben, dabei den Faden vor der Arbeit mitführen und nach dem Abheben wieder hinter die Arbeit führen.

Cross Caps können mühelos für jede Kopfgröße gefertigt werden: Entweder mit dem Bandmaß den Kopfumfang messen und das Strickteil ca. 2 cm kürzer arbeiten, damit die Mütze gut am Kopf sitzt, oder das Strickteil vor Beenden der Arbeit zum Maßnehmen um den Kopf legen und die Naht mit den Händen zusammenhalten.

Nach dem Abketten den Faden lang hängen lassen und damit die Naht wie im Bilderkurs beschrieben schließen. Eine Kante der Mütze zusammenziehen und den Faden vernähen. Bei Streifenmützen diejenige Kante wählen, an der jeweils der Faden neu angesetzt bzw. hochgeführt wurde. So liegt die schönere Kante ohne Fadenwechsel dann später sichtbar am Gesichtsausschnitt.

Zum Schluss die Mütze nach Wunsch mit einem Pompon, Fransen oder einer Quaste schmücken. So wird jede Cross Cap zum Unikat.

DIE NAHT SCHLIESSEN

Anschlag- und Abschlusskante gegeneinanderlegen und mit Maschenstichen schließen. Dafür oben um eine Masche herum von rechts nach links einstechen.

DIE MÜTZE ZUSAMMENZIEHEN

Mit dem gleichen Faden, mit dem die Naht geschlossen wurde, die Mütze an einer Kante zusammenziehen. **WICHTIG:** dafür nur jede 3. Randmasche erfassen.

Unten in die Masche von oben nach unten einstechen und bei der links danebenliegenden Masche von unten nach oben wieder ausstechen. Beim folgenden Stich in diese Masche wieder einstechen.

Den Faden in Abständen gleichmäßig anziehen, damit sich das Maschenbild dem kraus rechts gestrickten Grundmuster anpasst. Am Ende der Naht den Faden fest verknoten.

Den Faden in Abständen gleichmäßig durch die Maschen ziehen und am Ende fest anziehen.

Abschließend den Faden noch einmal durch alle Maschen führen und nochmals fest anziehen – nun ist die obere Mützennaht geschlossen. Faden gut vernähen.

MATERIAL: Schachenmayr „Northern" (100 % Acryl, Lauflänge ca. 210 m/100 g): für die unifarbene Mütze 100 g Beige, für die bunte Mütze 100 g Beige und je 1 Rest Petrol, Gelb, Rohweiß und Orange • Stricknadeln Nr. 4,5

RANDMASCHEN UND KRAUS RECHTS: Siehe Crashkurs Seite 4 und 5.

ZOPFSTREIFEN (ÜBER 6 MASCHEN): HINREIHE: 2 Maschen nach rechts verzopfen (= die 2. Masche vor der 1. Masche rechts stricken, dabei die Masche nicht von der Nadel gleiten lassen, dann die 1. Masche rechts stricken und beide Maschen zusammen von der Nadel gleiten lassen), 2 Maschen rechts, 2 Maschen nach rechts verzopfen; **RÜCKREIHE:** 2 Maschen links, 2 Maschen rechts, 2 Maschen links.

STREIFENFOLGE: * 16 Reihen Beige, 6 Reihen Petrol, 16 Reihen Beige, 6 Reihen Gelb, 16 Reihen Beige, 6 Reihen Rohweiß, 16 Reihen Beige, 6 Reihen Orange, ab * 1 x wiederholen.

MASCHENPROBE KRAUS RECHTS: 18 Maschen und 36 Reihen = 10 x 10 cm

MÜTZE IN BEIGE (52–54 CM)

AUSFÜHRUNG: 48 Maschen anschlagen und wie folgt stricken: Randmasche, 5 Maschen kraus rechts, 6 Maschen Zopfstreifen, 35 Maschen kraus rechts, Randmasche. Nach 50 cm ab Anschlag enden.

FERTIGSTELLUNG: Mütze laut Crashkurs schließen und an der Kante ohne Zopfstreifen zusammenziehen. 1 Pompon mit ca. 8 cm Durchmesser anfertigen und in die Mützenmitte nähen.

MÜTZE MIT STREIFEN (50–52 CM)

AUSFÜHRUNG: Genauso arbeiten, jedoch in der Streifenfolge stricken und nach 176 Reihen ab Anschlag enden. Den Pompon in Beige, Petrol, Rohweiß und Orange arbeiten.

MATERIAL: Schachenmayr „Northern" (100 % Acryl, Lauflänge ca. 210 m/100 g): für die Mütze 100 g Jeans, für den Schal je 200 g Jeans und Hellblau • Stricknadeln Nr. 4,5 • Häkelnadel Nr. 4

RANDMASCHEN UND KRAUS RECHTS:
Siehe Crashkurs Seite 4 und 5.

MUSTERSTREIFEN (ÜBER 15 MASCHEN): HINREIHE:
* 1 Masche rechts, 2 Maschen links, 2 Maschen nach rechts verzopfen (= die 2. Masche vor der 1. Masche rechts stricken, dabei die Masche nicht von der Nadel gleiten lassen, dann die 1. Masche rechts stricken und beide Maschen zusammen von der Nadel gleiten lassen), 2 Maschen links, ab * 1 x wiederholen, 1 Masche rechts; in den Rückreihen die Maschen stricken, wie sie erscheinen.

MASCHENPROBE KRAUS RECHTS: 18 Maschen und 36 Reihen = 10 x 10 cm

MÜTZE (50–52 CM)

AUSFÜHRUNG: 45 Maschen anschlagen und wie folgt stricken: Randmasche, 4 Maschen kraus rechts, 15 Maschen Musterstreifen, 24 Maschen kraus rechts, Randmasche. Nach 48 cm ab Anschlag enden.

FERTIGSTELLUNG: Mütze laut Crashkurs schließen und an der Kante ohne Musterstreifen zusammenziehen. 1 Pompon mit ca. 5 cm Durchmesser anfertigen und mit einer ca. 10 cm langen Luftmaschenkette in die Mützenmitte nähen.

SCHAL (17 X 126 CM)

AUSFÜHRUNG: 35 Maschen in Jeans anschlagen und 2 cm kraus rechts stricken. Anschließend über der 6.–20. Masche den Musterstreifen einarbeiten. Nach je 18 cm die Farbe wechseln. Nach 124 cm ab Anschlag die letzten 2 cm über alle Maschen kraus rechts stricken, dann enden.

MATERIAL: Schoppel-Wolle „Reggae Ombré" (100 % Schurwolle, Lauflänge ca. 100 m/50 g): für die Mütze 100 g, für den Loop 200 g Kunterbunt • Stricknadeln Nr. 4 • Häkelnadel Nr. 3,5

RANDMASCHEN UND KRAUS RECHTS: Siehe Crashkurs Seite 4 und 5.

NOPPE: Mit der Häkelnadel in die entsprechende Masche einstechen und den Faden zur Schlinge holen, dann 4 x abwechselnd 1 Umschlag auf die Nadel nehmen, in dieselbe Masche einstechen und den Faden zur Schlinge holen. Danach alle 9 Schlingen zusammen abmaschen. 1 Luftmasche arbeiten und die Noppenmasche auf die rechte Nadel legen.

NOPPENMUSTER: Maschenzahl teilbar durch 6 + 2. **1.–4. REIHE:** Kraus rechts; **5. REIHE:** * 5 Maschen rechts, 1 Noppe, ab * stets wiederholen, enden mit 2 Maschen rechts; **6.–10. REIHE:** Kraus rechts; **11. REIHE:** 2 Maschen rechts, * 1 Noppe, 5 Maschen rechts, ab * stets wiederholen; **12. REIHE:** Rechts. Die 1.–12. Reihe stets wiederholen.

MASCHENPROBE KRAUS RECHTS: 17 Maschen und 34 Reihen = 10 x 10 cm

LOOP (17 X 130 CM)

AUSFÜHRUNG: 28 Maschen anschlagen und zwischen den Randmaschen im Noppenmuster stricken, nach 130 cm enden.

FERTIGSTELLUNG: Loop laut Crashkurs schließen.

MÜTZE (50–52 CM)

AUSFÜHRUNG: 42 Maschen anschlagen und wie folgt stricken: Randmasche, 20 Maschen Noppenmuster, 20 Maschen kraus rechts, Randmasche. Nach 48 cm ab Anschlag enden.

FERTIGSTELLUNG: Mütze laut Crashkurs schließen und an der Kante ohne Noppen zusammenziehen.

MATERIAL: Schachenmayr „Northern“ (100 % Acryl, Lauflänge ca. 210 m/100 g): für die Mütze 100 g Pastell-Color, für den Schal 200 g Gelb • Stricknadeln Nr. 4,5

RANDMASCHEN UND KRAUS RECHTS: Siehe Crashkurs Seite 4 und 5.

STRUKTURMUSTER: Maschenzahl teilbar durch 4 + 1. **1. REIHE:** * 1 Masche rechts, 3 Maschen links, ab * stets wiederholen, enden mit 1 Masche rechts; **2. UND 4. REIHE:** Maschen stricken, wie sie erscheinen; **3. REIHE:** 2 Maschen links, * 1 Masche rechts, 3 Maschen links, ab * stets wiederholen, enden mit 1 Masche rechts, 2 Maschen links. Die 1.–4. Reihe stets wiederholen.

MASCHENPROBE KRAUS RECHTS: 18 Maschen und 36 Reihen = 10 x 10 cm

MÜTZE (50–52 CM)

AUSFÜHRUNG: 47 Maschen anschlagen und zwischen den Randmaschen im Strukturmuster stricken, nach 48 cm enden.

FERTIGSTELLUNG: Mütze laut Crashkurs schließen und an einer Kante zusammenziehen.

SCHAL (15 X 140 CM, OHNE FRANSEN)

AUSFÜHRUNG: 31 Maschen anschlagen und zunächst 2 cm kraus rechts stricken. Dann wie folgt arbeiten: Randmasche, 4 Maschen kraus rechts, 21 Maschen Strukturmuster, 4 Maschen kraus rechts, Randmasche. Nach 138 cm ab Anschlag nochmals über alle Maschen 2 cm kraus rechts stricken, dann enden.

FERTIGSTELLUNG: In beide Schalenden aus doppeltem Garn ca. 12 cm lange Fransen knüpfen.

MATERIAL: Pro Lana „Merino pur 90“ (100 % Schurwolle, Lauflänge ca. 90 m/50 g): je Mütze 100 g Weiß und 50 g Schwarz • Stricknadeln Nr. 4 • Häkelnadel Nr. 4 • je 2 Knöpfe für die Augen

RAND-MASCHEN UND KRAUS RECHTS: Siehe Crashkurs Seite 4 und 5.
HÄKELKREIS: In einen Fadenring 12 Stäbchen häkeln, dabei in dieser und jeder folgenden Runde das 1. Stäbchen durch 3 Luftmaschen ersetzen und die Runde jeweils mit 1 Kettmasche in das 1. Stäbchen schließen; **2. RUNDE:** In jede Masche der Vorrunde 2 Stäbchen häkeln = 24 Maschen; **3. RUNDE:** In jede 2. Masche der Vorrunde 2 Stäbchen häkeln = 36 Maschen.
MASCHENPROBE KRAUS RECHTS: 17 Maschen und 32 Reihen = 10 x 10 cm

RECHTE MÜTZE (52–54 CM)

AUSFÜHRUNG: 38 Maschen in Weiß anschlagen und 50 cm kraus rechts stricken, dann enden.

FERTIGSTELLUNG: Mütze laut Crashkurs schließen und an einer Kante zusammenziehen. Den unteren Mützenrand in Schwarz mit 1 Runde fester Maschen behäkeln. Für die Ohren in Schwarz 4 Kreise aus 3 Runden arbeiten. Je 2 Kreise aufeinanderlegen und die ersten 24 Maschen mit Kettmaschen zusammenhäkeln. Die Ohrteile aufklappen und laut Foto auf die Mütze nähen. Für die Augen 2 Kreise in Schwarz mit 2 Runden und 2 Kreise in Weiß mit 1 Runde arbeiten. Für jedes Auge einen weißen Kreis auf einen schwarzen Kreis nähen und auf die Mütze nähen. Knopf mit Schwarz aufnähen. Für die Nase in Schwarz 1 Kreis mit 2 Runden häkeln, dabei in der 2. Runde nur die ersten 9 Maschen mit je 2 Stäbchen behäkeln, dann enden. Nase so aufnähen, dass die unbehäkelten 3 Maschen der 1. Runde oben liegen.

LINKE MÜTZE (50–52 CM)

AUSFÜHRUNG: Genauso arbeiten, jedoch nur 34 Maschen in Weiß anschlagen und 48 cm kraus rechts stricken, dann enden. Für die Ohren die schwarzen Kreise nur mit 2 Runden arbeiten, dann nur die ersten 18 Maschen zusammenhäkeln und wie beschrieben an die Mütze nähen. Für die Augen 2 Kreise in Weiß mit 1 Runde arbeiten, dann die Kreise in Schwarz mit jeweils 1 Runde fester Maschen behäkeln, dabei je 2 Maschen in 1 Einstichstelle arbeiten. Augen auf die Mütze nähen. Knopf mit Weiß aufnähen. Für die Nase 1 Kreis in Schwarz mit 1 Runde häkeln. Nase aufnähen.

MATERIAL: Pro Lana „Merino pur 90“ (100 % Schurwolle, Lauflänge ca. 90 m/50 g): für die große Mütze 100 g Orange und 50 g Weiß, für die kleine Mütze je 50 g Orange und Weiß, jeweils 1 Rest Mittelbraun, Beige und Schwarz • Stricknadeln Nr. 4 • Häkelnadel Nr. 4 • je 2 Knöpfe für die Augen

RANDMASCHEN UND KRAUS RECHTS: Siehe Crashkurs Seite 4 und 5.
HÄKELKREIS: Siehe Panda-Mützen auf Seite 14.
MASCHENPROBE KRAUS RECHTS: 17 Maschen und 32 Reihen = 10 x 10 cm

KLEINE MÜTZE (48–50 CM)

AUSFÜHRUNG: Wie für die große Mütze beginnen, jedoch nur 25 Maschen in Orange und 7 Maschen in Weiß anschlagen und kraus rechts stricken. Nach 12 Reihen ab Anschlag für die 1. Ohrenklappe am weißen Rand 6 x in jeder 2. Reihe je 1 Masche zunehmen = 42 Maschen. Danach 11 x in jeder 2. Reihe je 1 Masche abnehmen und für die Schnauze wieder 6 x in jeder 2. Reihe 1 Masche zunehmen. Danach 4 x in jeder 2. Reihe 1 Masche abnehmen. Nun ist die vordere Mützenmitte erreicht, ab hier gegengleich beenden.
FERTIGSTELLUNG: Wie große Mütze, jedoch die Augen in Beige häkeln.

GROSSE MÜTZE (50–52 CM)

AUSFÜHRUNG: 28 Maschen in Orange und 7 Maschen in Weiß anschlagen und kraus rechts stricken. Beim Farbwechsel innerhalb der Reihe die Fäden auf der Rückseite der Arbeit miteinander verkreuzen, damit keine Löcher entstehen. Nach 12 Reihen ab Anschlag für die 1. Ohrenklappe am weißen Rand 7 x in jeder 2. Reihe je 1 Masche zunehmen = 42 Maschen. Danach 12 x in jeder 2. Reihe je 1 Masche abnehmen und für die Schnauze wieder 7 x in jeder 2. Reihe 1 Masche zunehmen. Danach 4 x in jeder 2. Reihe 1 Masche abnehmen. Nun ist die vordere Mützenmitte erreicht, ab hier gegengleich beenden.

FERTIGSTELLUNG: Mütze laut Crashkurs schließen und die Naht oben an der orangefarbenen Kante schließen. Die Ohren laut Foto über das Eck abnähen. Die untere Kante in Weiß mit festen Maschen behäkeln. Die Kanten der Schnauze zusätzlich in Weiß mit 1 Reihe Krebsmaschen behäkeln. Für die Augen in Mittelbraun je 1 Kreis aus 1 Runde arbeiten, auf die Mütze nähen und den Knopf aufnähen. Die Nase in Schwarz genauso häkeln, die Schnauze nach oben umschlagen und die Nase laut Foto mittig aufnähen. Für die Bindebänder mit weißer Wolle beidseitig jeweils 12 ca. 70 cm lange Fäden zur Hälfte in die Ohrmuscheln ziehen und 3 Stränge aus je 8 Fäden bilden. Mit diesen einen ca. 12 cm langen Zopf flechten, einknoten und die Enden ca. 4 cm lang zurückschneiden.

MATERIAL: Schachenmayr „Northern" (100 % Acryl, Lauflänge ca. 210 m/100 g): für die große Mütze je 100 g Jeans, Rohweiß, Petrol und Hellblau, für die kleine Mütze je 100 g Rohweiß und Petrol • Stricknadeln Nr. 4,5 • Häkelnadel Nr. 4 • je 2 Schmuck-Knöpfe

RANDMASCHEN UND KRAUS RECHTS: Siehe Crashkurs Seite 4 und 5.

GLATT RECHTS: Hinreihe rechte, Rückreihe linke Maschen

STREIFENFOLGE A: je 24 Reihen in Petrol, Hellblau, Jeans und Rohweiß im Wechsel

STREIFENFOLGE B: je 22 Reihen in Petrol und Rohweiß im Wechsel

MASCHENPROBE KRAUS RECHTS: 18 Maschen und 36 Reihen = 10 x 10 cm

MÜTZE MIT 2 FARBEN
(50–52 CM)

AUSFÜHRUNG: Genauso stricken, jedoch in Streifenfolge B arbeiten und jeweils in den rohweißen Streifen die mittlere der 3 glatt rechten Maschen ebenfalls kraus rechts stricken. Nach 48 cm = 176 Reihen ab Anschlag enden.

FERTIGSTELLUNG: Die untere Kante 5 cm umschlagen und mit 1 Runde Kettmaschen in Rohweiß behäkeln. 1 Pompon mit ca. 5 cm Durchmesser in Petrol und Rohweiß anfertigen und in die Mützenmitte nähen. Nach Wunsch Schmuck-Knöpfe aufnähen.

MÜTZE MIT 4 FARBEN (54–56 CM)

AUSFÜHRUNG: 45 Maschen in Petrol anschlagen und wie folgt in Streifenfolge A stricken: Randmasche, * 10 Maschen kraus rechts, 1 Masche glatt rechts, ab * 2 x wiederholen, 10 Maschen kraus rechts, Randmasche. Beim hellblauen und rohweißen Streifen die mittlere der 3 glatt rechten Maschen ebenfalls kraus rechts stricken. Nach 53 cm = 192 Reihen ab Anschlag enden.

FERTIGSTELLUNG: Mütze laut Crashkurs schließen und an einer Kante zusammenziehen. Die untere Kante ca. 4 cm nach außen umschlagen und mit 1 Runde Kettmaschen in Petrol behäkeln. 1 Pompon mit ca. 7 cm Durchmesser in allen 4 Farben anfertigen und in die Mützenmitte nähen. Nach Wunsch Schmuck-Knöpfe aufnähen.

MATERIAL: Junghans-Wolle „Clou" (75 % Schurwolle, 25 % Polyacryl, Lauflänge ca. 85 m/50 g): jeweils für die Mütze und den Loop je 50 g Burgund, Grau, Senf und Schwarz • Stricknadeln Nr. 6 • 1 Knopf

RANDMASCHEN UND KRAUS RECHTS: Siehe Crashkurs Seite 4 und 5.

STREIFENFOLGE A: je 2 Reihen kraus rechts in Burgund, Senf, Schwarz und Grau im Wechsel

STREIFENFOLGE B: je 10 Reihen kraus rechts in Burgund und Grau im Wechsel

MASCHENPROBE KRAUS RECHTS: 15 Maschen und 30 Reihen = 10 x 10 cm

MÜTZE (52–54 CM)

AUSFÜHRUNG: 24 Maschen in Burgund anschlagen und kraus rechts in Streifenfolge A stricken. Nach 4 Reihen ab Anschlag am rechten Rand 10 x in jeder 2. Reihe je 1 Masche zunehmen (Rechts-Zunahme) und nach 36 Reihen ab Anschlag wieder 10 x in jeder 2. Reihe je 1 Masche abnehmen (einfacher Überzug). Danach 8 Reihen gerade stricken, dann die Mütze mit diesen 64 Reihen gegengleich beenden.

FERTIGSTELLUNG: Mütze laut Crashkurs schließen und an der geraden Kante zusammenziehen. 1 Pompon mit ca. 8 cm Durchmesser in Burgund anfertigen und in die Mützenmitte nähen. Für die Bindebänder jeweils mit schwarzer Wolle 6 ca. 1 m lange Fäden zur Hälfte in die Ohrmuscheln ziehen und 3 x je 4 Stränge bilden. Diese über ca. 24 cm zu einem Zopf flechten, dann einknoten und die Enden ca. 4 cm lang zurückschneiden.

LOOP (21 X 64 CM)

AUSFÜHRUNG: 30 Maschen in Burgund anschlagen und 120 Reihen kraus rechts in Streifenfolge B stricken. Dann 72 Reihen in Streifenfolge A stricken und enden.

FERTIGSTELLUNG: Die Enden leicht versetzt übereinanderlegen und mit einem Knopf fixieren.

MATERIAL: ONline „Linie 20 – Cora Color" (60 % Schurwolle, 40 % Polyacryl, Lauflänge ca. 85 m/50 g): für die Mütze 100 g, für den Loop 200 g Rot-Color • Stricknadeln Nr. 4,5

RANDMASCHEN UND KRAUS RECHTS: Siehe Crashkurs Seite 4 und 5.

MASCHENPROBE KRAUS RECHTS: 16 Maschen und 32 Reihen = 10 x 10 cm

LOOP (16 X 114 CM)

AUSFÜHRUNG: 40 Maschen anschlagen und kraus rechts stricken. Für die Schrägung in jeder 2. Reihe am rechten Rand nach der Randmasche 1 Rechts-Zunahme arbeiten und am linken Rand 2 Maschen rechts zusammenstricken. Nach 114 cm ab Anschlag enden.

FERTIGSTELLUNG: Anschlag- und Abkettkante schließen.

MÜTZE (50–52 CM)

AUSFÜHRUNG: 48 Maschen anschlagen und wie beim Loop stricken. Nach 48 cm ab Anschlag enden.

FERTIGSTELLUNG: Mütze laut Crashkurs schließen und an einer Kante zusammenziehen. 1 Pompon mit ca. 8 cm Durchmesser anfertigen und in die Mützenmitte nähen.

MATERIAL: Pro Lana „Furore“ (70 % Polyacryl, 25 % Schurwolle, 5 % Polyamid, Lauflänge ca. 65 m/50 g): für die Mütze 100 g Rot-Color; für das Stirnband 50 g Gelb-Color • Stricknadeln Nr. 6

RANDMASCHEN UND KRAUS RECHTS: Siehe Crashkurs Seite 4 und 5.

PATENTMUSTER (ÜBER 9 MASCHEN): 1. REIHE (= RÜCKREIHE): * 1 Masche rechts, 1 Masche mit 1 Umschlag abheben, ab * stets wiederholen, enden mit 1 Masche rechts; **2. REIHE (= HINREIHE):** * 1 Masche rechts, 1 Masche mit dem Umschlag zusammen rechts abstricken, ab * stets wiederholen, enden mit 1 Masche rechts.

MASCHENPROBE KRAUS RECHTS: 12 Maschen und 24 Reihen = 10 x 10 cm

MÜTZE

(52–54 CM)

AUSFÜHRUNG: 30 Maschen anschlagen und wie folgt stricken: Randmasche, 9 Maschen Patentmuster, 19 Maschen kraus rechts, Randmasche. Nach 50 cm ab Anschlag enden.

FERTIGSTELLUNG: Mütze laut Crashkurs schließen und an der kraus rechten Kante zusammenziehen. 1 Pompon mit ca. 7 cm Durchmesser anfertigen und in die Mützenmitte nähen.

STIRNBAND (48–50 CM)

AUSFÜHRUNG: 11 Maschen anschlagen und zwischen den Randmaschen im Patentmuster stricken, nach 46 cm enden.

FERTIGSTELLUNG: Für das Band 7 Maschen anschlagen, zwischen den Randmaschen 8 cm kraus rechts stricken und enden. Anschlag- und Abkettkante des Stirnbandes schließen. Das Band um die Naht legen und auf der Innenseite schließen.

MATERIAL: Schachenmayr „Northern" (100 % Acryl, Lauflänge ca. 210 m/100 g): jeweils 100 g Grün oder Orange • Stricknadeln Nr. 4,5

RANDMASCHEN UND KRAUS RECHTS: Siehe Crashkurs Seite 4 und 5.
GLATT RECHTS: Hinreihe rechte, Rückreihe linke Maschen
AJOURMUSTER (ÜBER 24 MASCHEN): Laut Strickschrift arbeiten. Es sind nur die Hinreihen gezeichnet. In den Rückreihen alle Maschen stricken, wie sie erscheinen. Die gezeichneten 8 Maschen 3 x arbeiten. Die 16 Reihen stets wiederholen.
MASCHENPROBE KRAUS RECHTS: 18 Maschen und 36 Reihen = 10 x 10 cm

MÜTZE IN ORANGE
(50–52 CM)

AUSFÜHRUNG: 50 Maschen anschlagen und wie die grüne Mütze arbeiten, jedoch vor und nach dem Ajourmuster je 1 zusätzliche Masche glatt rechts stricken.

STRICKSCHRIFT

–	U	I	I	I	⩘	–	–	15
–	U	I	I	⩘	I	–	–	13
–	U	I	⩘	I	I	–	–	11
–	U	⩘	I	I	I	–	–	9
–	↓	I	I	I	U	–	–	7
–	I	↓	I	I	U	–	–	5
–	I	I	↓	I	U	–	–	3
–	I	I	I	↓	U	–	–	1

ZEICHENERKLÄRUNG

- I = 1 Masche rechts
- – = 1 Masche links
- U = 1 Umschlag
- ⩘ = 2 Maschen rechts zusammenstricken
- ↓ = 1 einfacher Überzug

MÜTZE IN GRÜN (50–52 CM)

AUSFÜHRUNG: 48 Maschen anschlagen und wie folgt stricken: Randmasche, 6 Maschen kraus rechts, 24 Maschen Ajourmuster, 16 Maschen kraus rechts, Randmasche. Nach 48 cm = 176 Reihen ab Anschlag enden.

FERTIGSTELLUNG: Mütze laut Crashkurs schließen und an der Kante ohne Ajourstreifen zusammenziehen. In die Mützenmitte 9 ca. 1 m lange Fäden zur Hälfte einziehen und 3 Stränge mit je 6 Fäden bilden. Mit diesen einen ca. 18 cm langen Zopf flechten, dann einknoten und die Enden ca. 8 cm lang zurückschneiden.

MATERIAL: Pro Lana „Teramo" (40 % Wolle, 32 % Polyester, 18 % Polyacryl, 10 % Alpaka, Lauflänge ca. 120 m/50 g): jeweils für die Mütze, den Schal und den Rock je 50 g Pistazie, Rot und Petrol • Stricknadeln Nr. 5,5 • Häkelnadel Nr. 6

RANDMASCHEN UND KRAUS RECHTS: Siehe Crashkurs Seite 4 und 5.
GLATT RECHTS: Hinreihe rechte, Rückreihe linke Maschen
STREIFENFOLGE: * 6 Reihen kraus rechts in Pistazie, 4 Reihen glatt rechts in Rot, 6 Reihen kraus rechts in Pistazie, 4 Reihen glatt rechts in Petrol, ab * stets wiederholen.
MASCHENPROBE IN DER STREIFENFOLGE: 15 Maschen und 26 Reihen = 10 x 10 cm

SCHAL (14 X 150 CM)

AUSFÜHRUNG: 220 Maschen in Pistazie anschlagen und 36 Reihen in der Streifenfolge arbeiten, dann enden.

MÜTZE (52–54 CM)

AUSFÜHRUNG: 40 Maschen in Pistazie anschlagen und in der Streifenfolge stricken. Nach 50 cm ab Anschlag möglichst mit 4 Reihen glatt rechts in Petrol enden.

FERTIGSTELLUNG: Mütze laut Crashkurs schließen und an einer Kante zusammenziehen. In die Mützenmitte ca. 10 cm lange bunte Fransen mit doppelten Fäden knüpfen.

ROCK (122/128)

AUSFÜHRUNG: 50 Maschen in Pistazie anschlagen und in der Streifenfolge stricken. Für den Kordeldurchzug in jedem blauen und roten Streifen in der 3. Reihe ein Loch einarbeiten. Hierfür die 3. und 4. Masche rechts zusammenstricken und dafür 1 Umschlag auf die Nadel nehmen. Nach 68 cm ab Anschlag möglichst mit 4 Reihen glatt rechts in Petrol enden.

FERTIGSTELLUNG: Rock laut Crashkurs schließen. Für den Bindegürtel aus je 1 Faden Pistazie, Petrol und Rot eine ca. 160 cm lange Luftmaschenkette häkeln und diese durch die Lochreihe ziehen.

MATERIAL: Schoppel-Wolle „Gradient“ (100 % Schurwolle, Lauflänge ca. 260 m/100 g): für die Mütze 100 g, für den Schulter-Schal 200 g Blau-Color • Stricknadeln Nr. 4 • Häkelnadel Nr. 3,5 • 4 Knöpfe

RANDMASCHEN UND KRAUS RECHTS: Siehe Crashkurs Seite 4 und 5.
GLATT LINKS IN REIHEN: Hinreihe linke, Rückreihe rechte Maschen
GRUNDMUSTER: 5 Maschen kraus rechts, 1 Masche glatt rechts im Wechsel, enden mit 5 Maschen kraus rechts.
KNOPFLOCH: 2 Maschen abketten und in der folgenden Rückreihe wieder neu anschlagen.
MASCHENPROBE KRAUS RECHTS: 18 Maschen und 32 Reihen = 10 x 10 cm

SCHULTER-SCHAL (24 X 75 CM)

AUSFÜHRUNG: 49 Maschen anschlagen und zwischen den Randmaschen im Grundmuster stricken. Nach 73 cm ab Anschlag gleichmäßig verteilt 4 Knopflöcher einarbeiten. Nach 75 cm ab Anschlag alle Maschen abketten.
FERTIGSTELLUNG: Die 4 Knöpfe an die linke Kante des Schals ab Anschlag nähen. Die oberen 4 cm als Kragen nach außen umschlagen.

MÜTZE (50–52 CM)

AUSFÜHRUNG: 43 Maschen anschlagen und 48 cm im Grundmuster stricken, dann enden.

FERTIGSTELLUNG: Mütze laut Crashkurs schließen, dabei für den Umschlag die unteren 6 Maschen auf der Außenseite zusammennähen. Mütze an einer Kante zusammenziehen. Für die 5 Spiralfransen mit der Häkelnadel an der Mützenmitte neu anschlingen, 20–25 Luftmaschen häkeln und diese mit festen Maschen zurück behäkeln. Dabei in jede Luftmasche 2 feste Maschen häkeln, damit sich die Stränge spiralförmig eindrehen. Die unteren 4 cm der Mütze nach außen umschlagen.

MATERIAL: Schachenmayr „Northern“ (100 % Acryl, Lauflänge ca. 210 m/100 g): für die Mützen jeweils 100 g in beiden Farbtönen • Stricknadeln Nr. 4,5

RANDMASCHEN UND KRAUS RECHTS: Siehe Crashkurs Seite 4 und 5.

GRUNDMUSTER: Maschenzahl teilbar durch 4 + 2 Randmaschen. Kraus rechts laut Zählmuster in Norwegertechnik arbeiten, dabei den unbenutzten Faden stets locker auf der Rückseite der Arbeit mitführen. Den Mustersatz (MS) und die 1.–16. Reihe stets wiederholen.

MASCHENPROBE GRUNDMUSTER: 20 Maschen und 40 Reihen = 10 x 10 cm

MÜTZE IN GRÜN UND LINDGRÜN

(50–52 CM)

AUSFÜHRUNG: Genauso stricken, jedoch statt Lindgrün in Grün und statt Gelb in Lindgrün arbeiten und bereits nach 48 cm ab Anschlag enden.

MÜTZE IN LINDGRÜN UND GELB
(52–54 CM)

AUSFÜHRUNG: 50 Maschen in Lindgrün anschlagen und zwischen den Randmaschen 50 cm im Grundmuster stricken, dann enden.

FERTIGSTELLUNG: Mütze laut Crashkurs schließen und an einer Kante zusammenziehen.

ZÄHLMUSTER

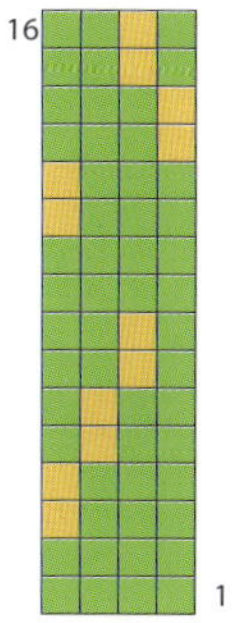

ZEICHENERKLÄRUNG

- ■ = 1 Masche kraus rechts in Lindgrün
- ■ = 1 Masche kraus rechts in Gelb

MATERIAL: ONline „Linie 20 – Cora Color" (60 % Schurwolle, 40 % Polyacryl, Lauflänge ca. 85 m/50 g): für die Mütze 100 g Rot-Color und 50 g Rot, für den Schal 200 g Rot-Color und 50 g Gelb • Stricknadeln Nr. 4,5

RANDMASCHEN UND KRAUS RECHTS: Siehe Crashkurs Seite 4 und 5.

MASCHENPROBE KRAUS RECHTS: 16 Maschen und 32 Reihen = 10 x 10 cm

MÜTZE (52–54 CM)

AUSFÜHRUNG: 46 Maschen in Rot-Color anschlagen und 50 cm kraus rechts stricken, dann enden.

FERTIGSTELLUNG: Mütze laut Crashkurs schließen, dabei die unteren 12 cm offen lassen. Die Mütze an der geschlossenen Kante zusammenziehen. 2 Pompons in Orange mit je ca. 8 cm Durchmesser anfertigen und an jede Ecke der offenen Kante nähen. Im vorderen Bereich die Mütze ca. 5 cm nach außen umschlagen und mit einigen Stichen in der Mitte fixieren.

SCHAL (18 X 170 CM)

AUSFÜHRUNG: 28 Maschen in Rot-Color anschlagen und 170 cm kraus rechts stricken, dann enden.

FERTIGSTELLUNG: 2 Pompons in Gelb mit je ca. 8 cm Durchmesser anfertigen und an jedes Schalende nähen, dabei die Kanten zusammenziehen.

MATERIAL: Junghans-Wolle „Clou" (75 % Schurwolle, 25 % Polyacryl, Lauflänge ca. 85 m/50 g): für die Mütze je 50 g, für den Loop je 100 g Lila und Pink • Stricknadeln Nr. 6

RANDMASCHEN: Siehe Crashkurs Seite 4 und 5.
GRUNDMUSTER: Maschenzahl teilbar durch 4 + 1.
1. REIHE – LILA: * 1 Masche abheben, dabei den Faden hinter der Arbeit mitführen, 3 Maschen rechts, ab * stets wiederholen, enden mit 1 Masche abheben; **2. REIHE:** Wie 1. Reihe, nur beim Abheben den Faden vor der Arbeit mitführen; **3. REIHE – PINK:** * 2 Maschen rechts, 1 Masche abheben, dabei den Faden hinter der Arbeit mitführen, 1 Masche rechts, ab * stets wiederholen, enden mit 1 Masche rechts; **4. REIHE:** Wie 3. Reihe, nur beim Abheben den Faden vor der Arbeit mitführen.
Die 1.–4. Reihe stets wiederholen.
MASCHENPROBE KRAUS RECHTS: 15 Maschen und 30 Reihen = 10 x 10 cm

LOOP (14 X 120 CM)

AUSFÜHRUNG: 27 Maschen in Pink anschlagen und zwischen den Randmaschen 120 cm im Grundmuster stricken, dann enden.
FERTIGSTELLUNG: Loop laut Crashkurs schließen.

MÜTZE (50–52 CM)

AUSFÜHRUNG: 47 Maschen in Pink anschlagen und zwischen den Randmaschen im Grundmuster stricken, nach 48 cm enden.

FERTIGSTELLUNG: Mütze laut Crashkurs schließen und an einer Kante zusammenziehen.

MATERIAL: Pro Lana „Merino pur 90" (100 % Schurwolle, Lauflänge ca. 90 m/50 g): für die große Mütze 100 g Dunkelbraun und 50 g Mittelbraun, für die kleine Mütze 100 g Mittelbraun, 50 g Beige und 1 Rest Dunkelbraun • Stricknadeln Nr. 4 • Häkelnadel Nr. 4 • je 2 Knöpfe für die Augen

RANDMASCHEN UND KRAUS RECHTS: Siehe Crashkurs Seite 4 und 5.
HÄKELKREIS: Siehe Panda-Mützen auf Seite 14.
MASCHENPROBE KRAUS RECHTS: 17 Maschen und 32 Reihen = 10 x 10 cm

KLEINE MÜTZE (46–50 CM)

AUSFÜHRUNG: 30 Maschen in Mittelbraun anschlagen und kraus rechts stricken. Nach 14 Reihen ab Anschlag für die 1. Ohrenklappe am rechten Rand 3 Maschen neu dazu anschlagen. Dann noch 3 x in jeder 2. Reihe und 2 x in jeder 4. Reihe je 1 Masche zunehmen = 38 Maschen. Danach 2 x in jeder 4. Reihe und 3 x in jeder 2. Reihe je 1 Masche abnehmen und in der folgenden Reihe 1 x 3 Maschen abketten = 30 Maschen. Nach weiteren 18 Reihen ist die Mützenmitte erreicht, ab hier gegengleich beenden.

FERTIGSTELLUNG: Mütze laut Crashkurs schließen und an der geraden Kante zusammenziehen. Die untere Kante in Beige mit 1 Runde fester Maschen behäkeln. Die Ohren wie bei der großen Mütze arbeiten und annähen, jedoch statt Dunkelbraun nun Mittelbraun und statt Mittelbraun nun Beige verwenden. Für die Augen 2 Kreise in Beige mit 1 Runde arbeiten, jeweils diese Runde mit Krebsmaschen behäkeln, dabei die letzten 3 Maschen unbehäkelt lassen. Für die Nase in Beige die ersten 2 Runden wie für die große Mütze häkeln. Mit dunkelbraunen Kettstichen den Mund laut Foto auf die Nase sticken. Nase auf die Mütze nähen. Die Augen so auf die Mütze nähen, dass die unbehäkelten Maschen der 1. Runde genau auf die Nase treffen. Knöpfe mit Beige mittig aufnähen.

GROSSE MÜTZE (52–54 CM)

AUSFÜHRUNG: 38 Maschen in Dunkelbraun anschlagen und kraus rechts stricken. Nach 18 Reihen ab Anschlag für die 1. Ohrenklappe am rechten Rand 3 Maschen neu dazu anschlagen. Dann noch 5 x in jeder 2. Reihe und 2 x in jeder 4. Reihe je 1 Masche zunehmen = 48 Maschen. Danach 2 x in jeder 4. Reihe und 5 x in jeder 2. Reihe je 1 Masche abnehmen und in der folgenden Reihe 1 x 3 Maschen abketten = 38 Maschen. Nach weiteren 22 Reihen ist die Mützenmitte erreicht, ab hier gegengleich beenden.

FERTIGSTELLUNG: Mütze laut Crashkurs schließen und an der geraden Kante zusammenziehen. Die untere Kante in Mittelbraun mit 1 Runde fester Maschen behäkeln. Für die Ohren in Dunkelbraun und Mittelbraun je 2 Kreise aus 2 Runden arbeiten. Jeweils 1 dunkelbraunen und 1 mittelbraunen Kreis aufeinanderlegen und die ersten 18 Maschen mit Kettmaschen in Dunkelbraun zusammenhäkeln. Die Ohrteile aufklappen und laut Foto auf die Mütze nähen. Für die Augen 2 Kreise in Mittelbraun mit 2 Runden arbeiten, jeweils die letzte Runde mit Krebsmaschen behäkeln, dabei die letzten 6 Maschen unbehäkelt lassen. Für die Nase in Mittelbraun 6 Luftmaschen anschlagen und diese beidseitig mit Stäbchen wie folgt behäkeln, dabei jeweils das 1. Stäbchen jeder Reihe durch 3 Luftmaschen ersetzen: In die 1. Masche 3 Stäbchen arbeiten. In die 2.–5. Masche je 1 Stäbchen häkeln.

In die 6. Masche 6 Stäbchen häkeln, dann von unten die 5.–2. Masche wieder mit je 1 Stäbchen behäkeln und in die 1. Masche nochmals 3 Stäbchen häkeln. Diese und jede weitere Runde mit 1 Kettmasche in die 1. Masche schließen. In der 2. Runde in jede Masche 1 Stäbchen häkeln und an den Rundungen jeweils verteilt 6 Maschen zunehmen = 32 Maschen. Die 3. Runde genauso arbeiten = 44 Maschen. Mit dunkelbraunen Kettstichen den Mund laut Foto auf die Nase sticken. Nase auf die Mütze nähen. Die Augen so auf die Mütze nähen, dass die unbehäkelten Maschen der 2. Runde genau auf die Nase treffen. Knöpfe mit Mittelbraun mittig aufnähen.

GRÖSSENTABELLE

BABYS UND KINDER

ALTER		KOPFUMFANG
0–3	Monate	35–38 cm
3–6	Monate	38–44 cm
6–18	Monate	44–48 cm
1–3	Jahre	48–50 cm
3–4	Jahre	50–52 cm
5–8	Jahre	52–54 cm
9–12	Jahre	52–56 cm
ab 13	Jahre	ca. 57 cm

KLEINE STRICKSCHULE

RECHTS-ZUNAHME

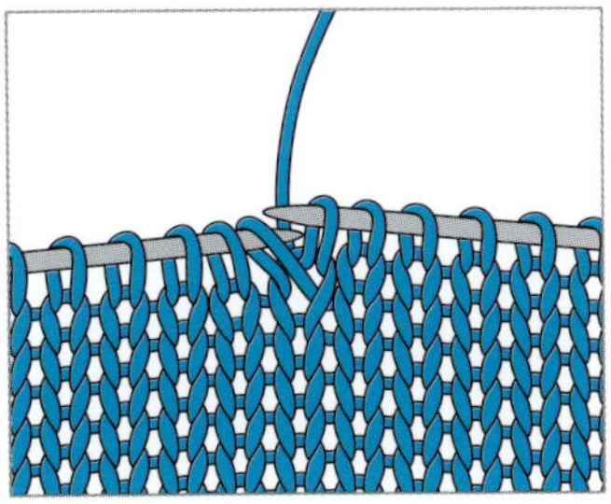

Mit der rechten Nadel in die folgende Masche der darunterliegenden Reihe einstechen und diese Masche rechts abstricken. Danach die darüberliegende Masche rechts abstricken. Die zugenommene Masche neigt sich nach rechts.

EINFACHER ÜBERZUG

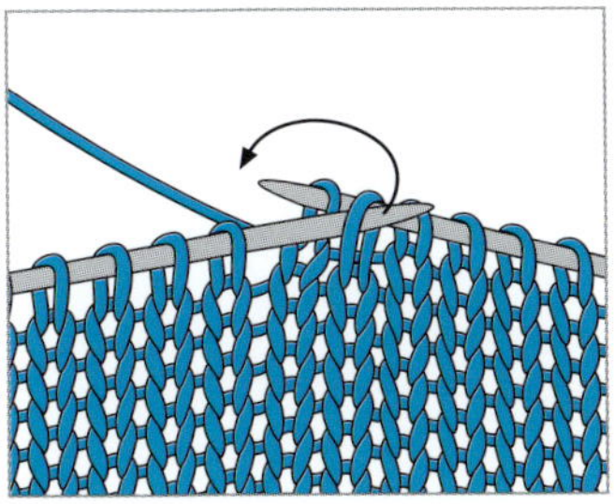

2 Maschen überzogen zusammenstricken: 1 Masche wie zum Rechtsstricken abheben, die folgende Masche rechts stricken und die abgehobene Masche darüberziehen.

2 MASCHEN RECHTS ZUSAMMENSTRICKEN

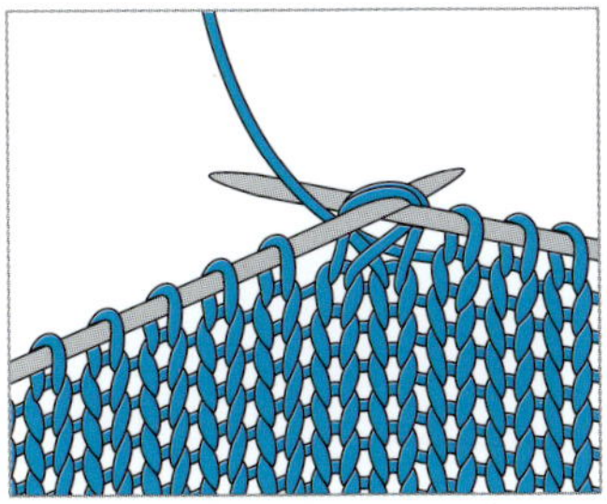

Den Faden hinter die Arbeit legen. Mit der rechten Nadel von links nach rechts durch beide Maschen stechen, den Faden durchholen. Die Maschen von der linken Nadel gleiten lassen.

UMSCHLAG

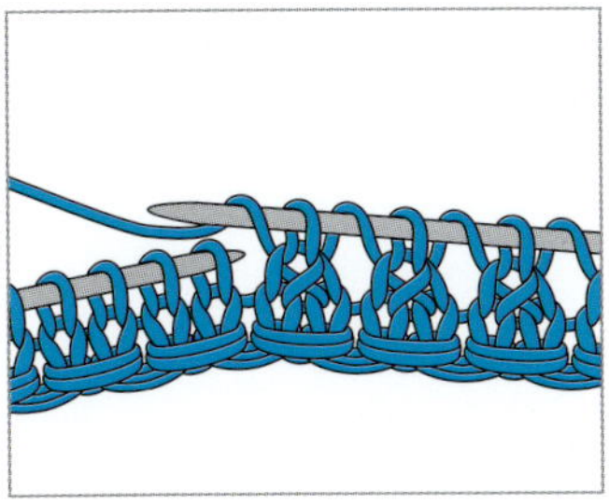

Den Faden von vorn nach hinten über die rechte Nadel legen. Dann wie in der Anleitung vorgegeben weiterarbeiten.

MASCHEN NEU DAZU ANSCHLAGEN

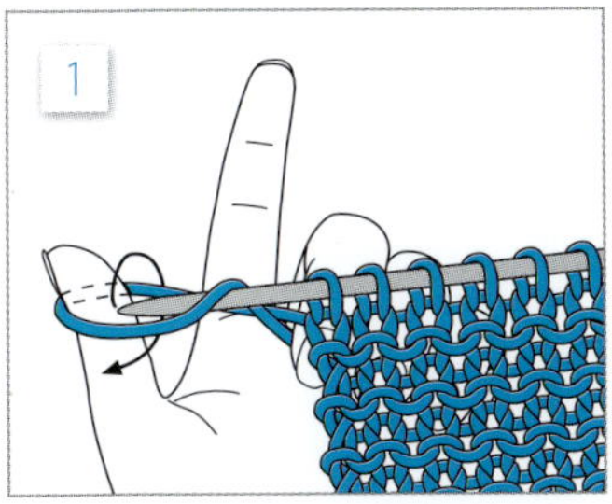

Den Faden von der Nadel kommend von hinten nach vorn um den Daumen legen und festhalten. Mit der rechten Nadel von vorn nach hinten in die Schlinge stechen und den hinteren Faden fassen.

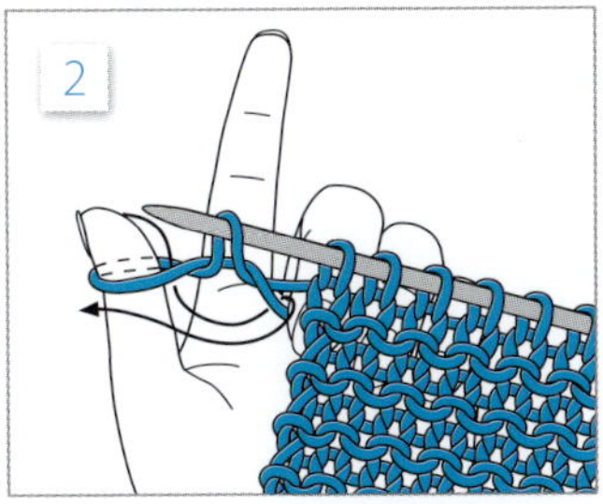

Den Faden zur Schlinge durchziehen, den Daumen aus der Schlinge nehmen und den Faden anziehen, sodass eine neue Masche entsteht. Erneut den Faden mit dem Daumen aufnehmen und fortfahren wie oben beschrieben.

NORWEGERTECHNIK/ JACQUARDMUSTER

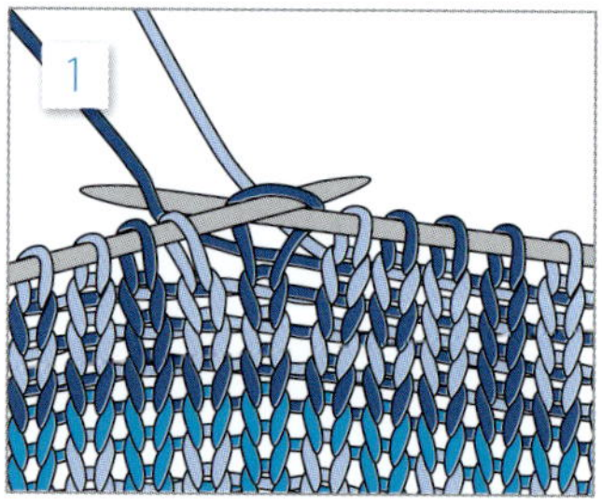

Jacquardmuster werden in zwei oder mehreren Farben gestrickt. Die benötigten Fäden zusammen um den Zeigefinger der linken Hand wickeln. Den nicht benötigten Faden auf der Rückseite locker mitführen.

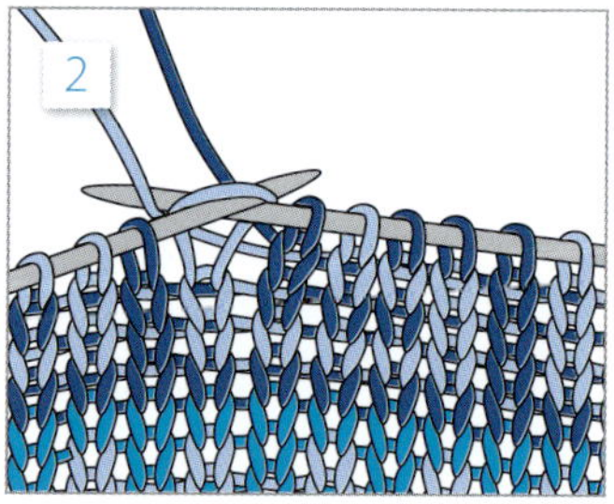

Bei Fadenwechsel die Maschen der rechten Nadel etwas auseinanderschieben, sodass der neue Faden den richtigen Abstand erhält und sich das Gestrick nicht zusammenzieht.

MASCHEN ABKETTEN

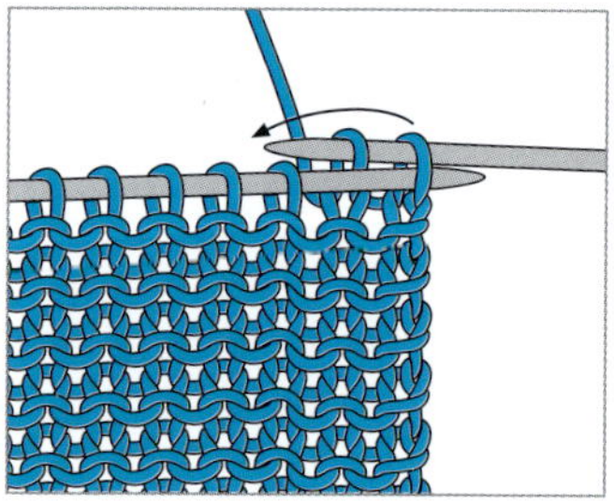

Die ersten 2 Maschen stricken. Mit der linken Nadel in die 1. Masche stechen, diese über die 2. Masche heben. Die nächste Masche stricken und die vorhergehende darüberziehen. Am Ende Faden abschneiden und durch die letzte Masche ziehen.

FARBWECHSEL IN DER REIHE

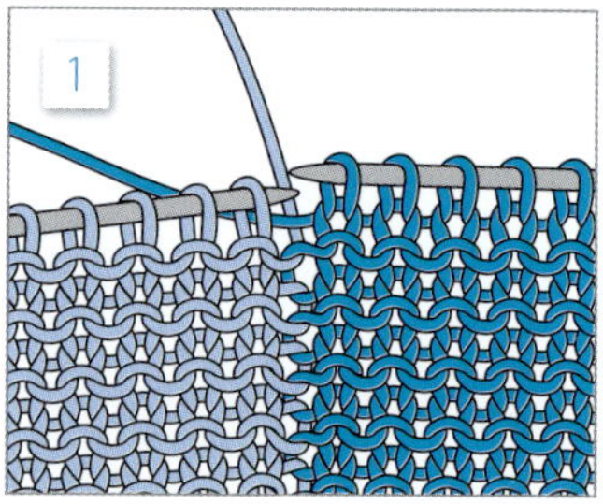

Damit beim Farbwechsel keine Löcher entstehen, die Fäden verkreuzen, d. h. den alten Faden vor den neuen legen und mit dem neuen Faden weiterarbeiten. Auf eine gleichmäßige Fadenspannung achten.

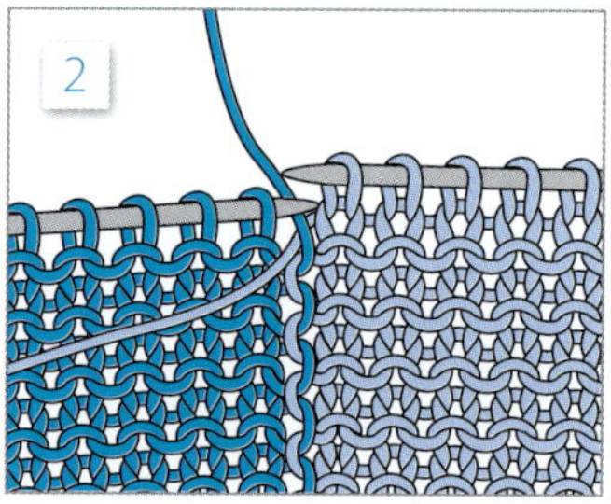

Auch in der Rückreihe die Fäden verkreuzen, hier wird der alte Faden hinter den neuen gelegt. Der alte Faden bleibt auf der Arbeitsrückseite.

FÄDEN VERNÄHEN

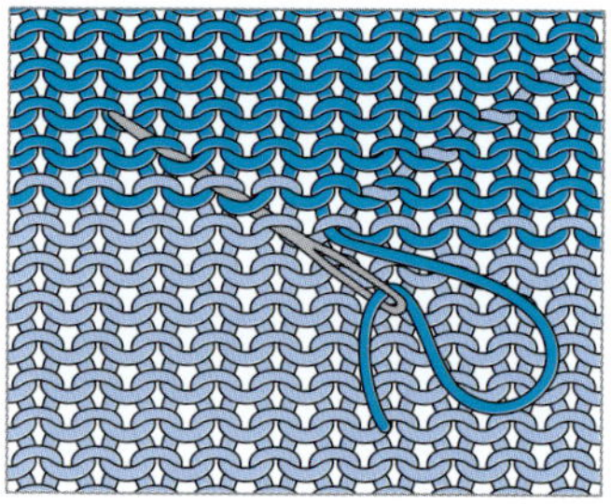

Fäden in Randmaschen oder Nähten vernähen oder innerhalb einer Reihe auf der Rückseite durch die danebenliegende Masche stechen, sodass zwischen der letzten Masche des alten Fadens und der ersten des neuen Fadens eine Verkreuzung entsteht. Faden schräg einziehen, dabei nur einen Teil der Maschenglieder erfassen.

ZURÜCKSTRICKEN

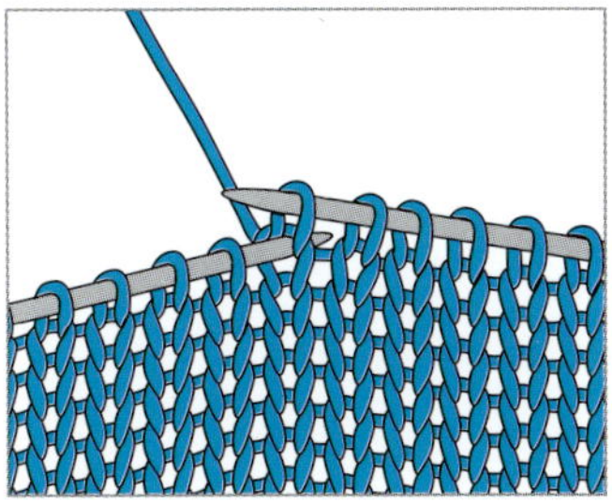

Anstatt nach einem Fehler die Nadeln aus der Arbeit zu ziehen, kann rückwärts gestrickt werden: Der Faden liegt hinter der Arbeit. Mit der linken Nadel von vorn in die Masche unter der letzten Masche der rechten Nadel einstechen und diese auf die linke Nadel heben. Den Faden anziehen und so die Masche auflösen.

LAUFMASCHE AUFHEBEN

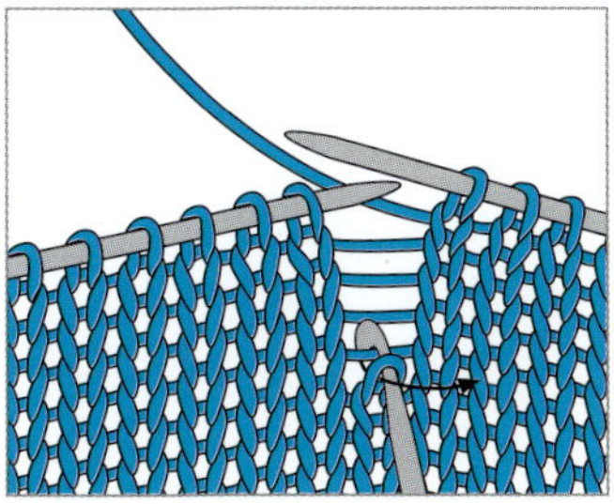

Die gefallene Masche von vorn auf eine Häkelnadel und den darüberliegenden Querfaden durchholen. Bei linken Maschen von hinten in die Masche einstechen und den darüberliegenden Querfaden von vorn nach hinten durchziehen. Fortfahren, bis die Masche wieder auf die Stricknadel gehängt werden kann.

KETTENSTICH

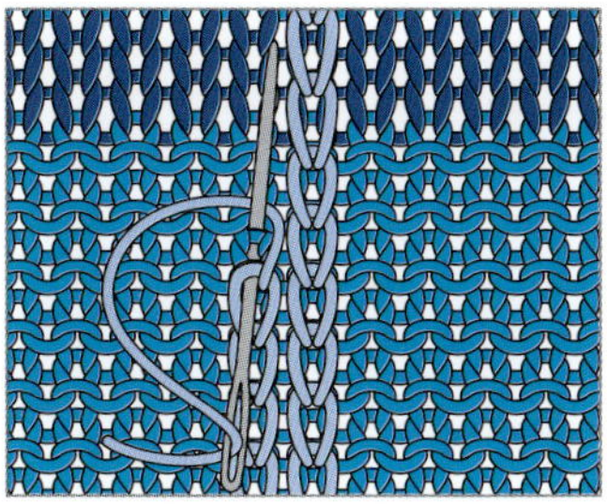

Von unten durch das Gestrick stechen, Faden zu einer Schlinge legen und innerhalb der Schlinge einen Vorstich arbeiten. Den Faden durchziehen, dabei muss der Arbeitsfaden unter der Nadelspitze liegen. Vorgang wiederholen und auf gleichmäßige Stichlänge achten.

POMPON

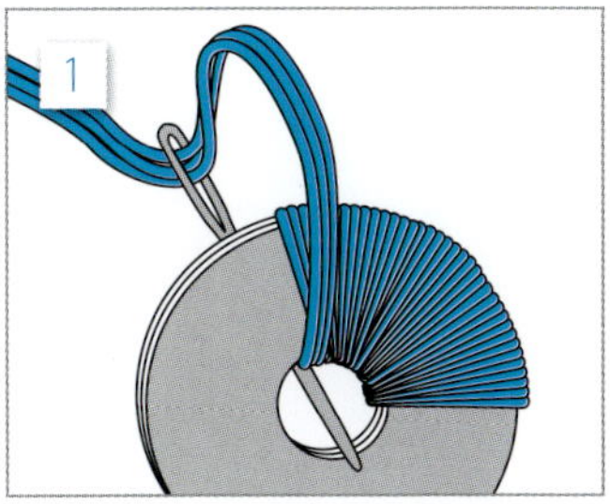

Aus Pappe zwei Kreise im gewünschten Durchmesser mit mittigem Loch anfertigen und aufeinanderlegen. Garn mit einer Wollnadel durch die Mitte führen und den Ring locker und dicht umwickeln.

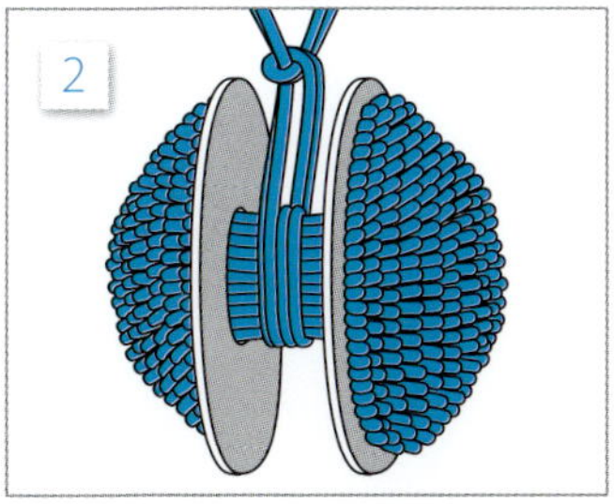

Die Umwicklung am Rand aufschneiden und die Ringe etwas auseinanderziehen. Mit doppeltem Faden zwischen den Pappringen fest abbinden, Fäden gut verknoten. Pappe entfernen.

FRANSEN EINKNÜPFEN

Fäden zuschneiden (Fadenlänge = Fransenlänge x 2 + 1 cm für den Knoten). Mit der Häkelnadel durch eine Masche stechen, die Fäden mittig fassen und zu einer Schlinge durchziehen. Von rechts nach links in die Schlinge einstechen, die Fäden fassen und durch die Schlinge ziehen. Den Knoten festziehen.

KLEINE HÄKELSCHULE

FADENRING

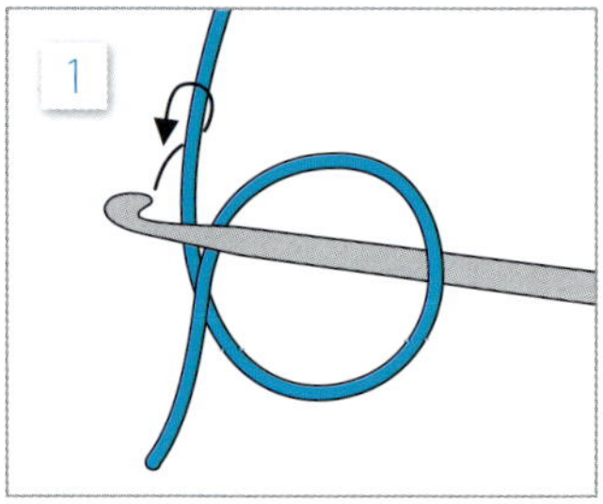

Den Faden zur Schlinge legen, einstechen, Faden von unten holen und durch die Schlinge ziehen. Fadenring noch nicht festziehen. Arbeitsfaden um den linken Zeigefinger legen.

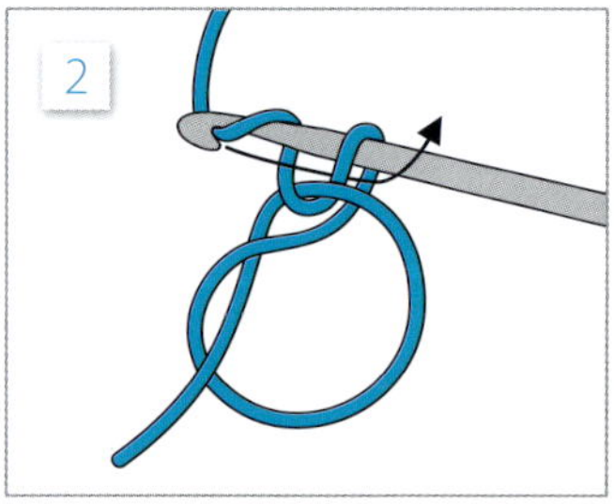

Den Kreuzpunkt der Fadenschlinge festhalten und 1 Luftmasche häkeln.

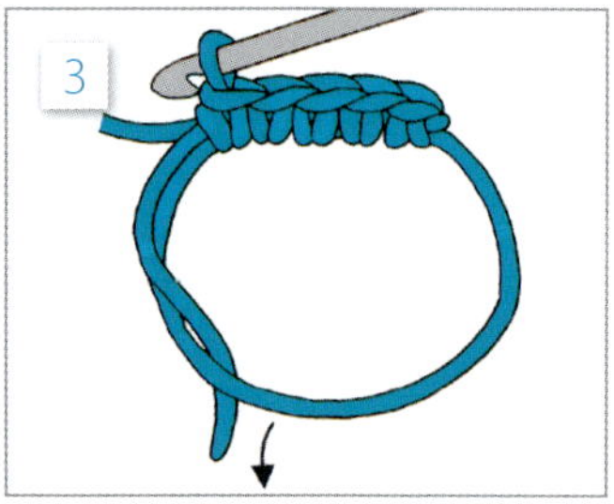

Maschen laut Anleitung um die Fadenschlinge herum arbeiten (hier sind es feste Maschen).

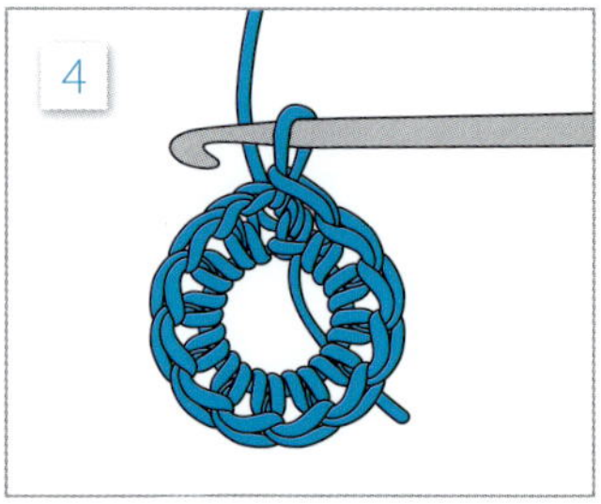

Die Runde mit einer Kettmasche in die 1. Masche schließen und den Fadenring am Anfangsfaden zuziehen.

FESTE MASCHE

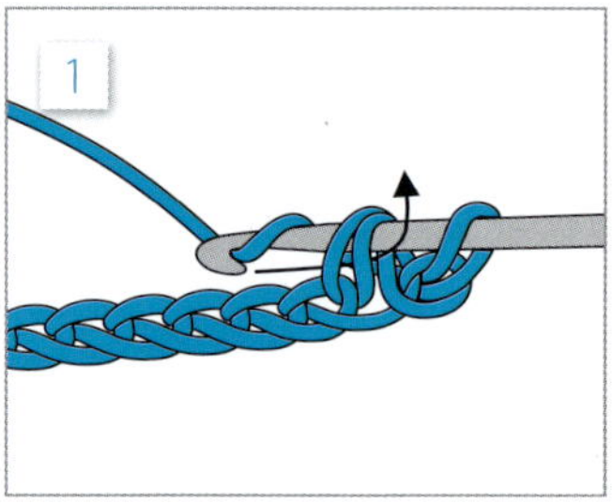

In beide Maschenglieder der Masche einstechen, den Faden holen und durchziehen.

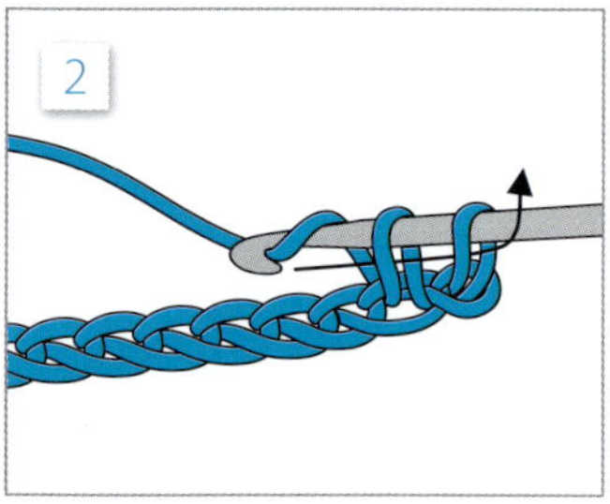

Den Faden nochmals holen und durch beide Schlingen auf der Nadel ziehen (= abmaschen).

STÄBCHEN

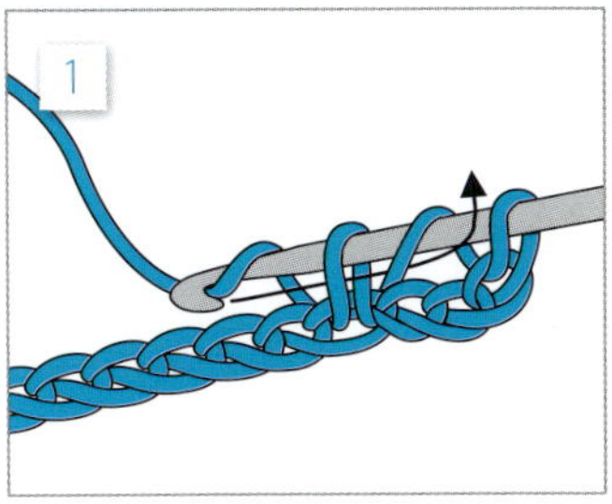

Faden um die Nadel legen, einstechen, den Faden holen und durchziehen. Es liegen nun 3 Schlingen auf der Nadel.

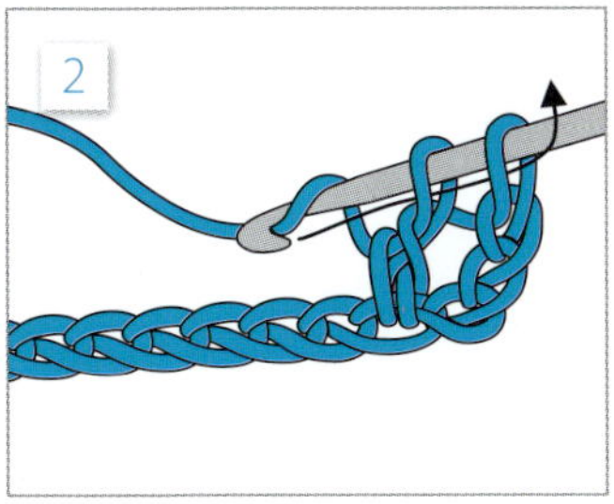

Den Faden nochmals holen und durch 2 Schlingen ziehen. Es liegen nun 2 Schlingen auf der Nadel.

Den Faden nochmals holen und durch die restlichen 2 Schlingen ziehen.

KETTMASCHE

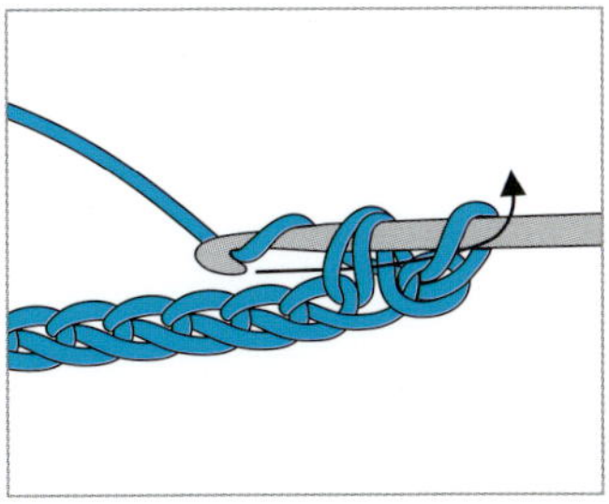

Mit der Häkelnadel in die Einstichstelle stechen, den Faden um die Nadel legen und durch die Masche und die auf der Nadel liegende Schlinge ziehen.

KREBSMASCHE

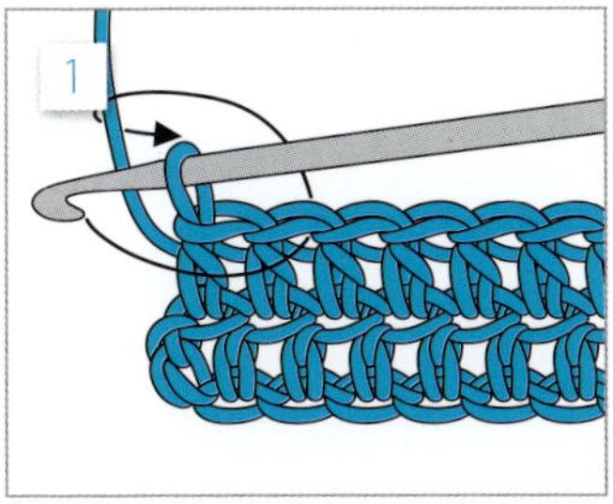

Die Arbeit nicht wenden, sondern in die vorletzte Masche der Vorreihe einstechen, den Faden holen und durchziehen.

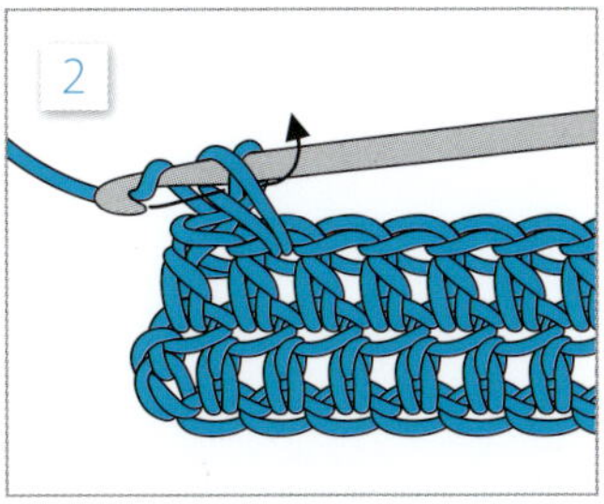

Den Faden nochmals holen und durch beide Schlingen auf der Nadel ziehen.
Weiter im „Krebsgang", also rückwärts, von links nach rechts häkeln.

IMPRESSUM

KONZEPT UND TEXT: Veronika Hug
REALISATION: Inge Dams, Veronika Hug, Christel Hurst, Silvia Jäger
REDAKTION: Anna Fischer
LEKTORAT: Johanna Heiß
KORREKTUR: Margit Huber
FOTOS: Florian Bilger Fotodesign
STYLING: Peggy Kummerow
TECHNISCHE ZEICHNUNGEN: Carsten Bachmann
GESAMTGESTALTUNG UND SATZ: GrafikwerkFreiburg
REPRODUKTION: RTK & SRS mediagroup GmbH
DRUCK UND VERARBEITUNG: Ömür Printing, Istanbul

ISBN 978-3-8410-6346-5
Art.-Nr. 6346

BEZUGSQUELLEN

- Junghans Wolle
  www.junghanswolle.de
- ONline Garne
  www.online-garne.de
- Pro Lana über Langendorf & Keller
  www.pro-lana.de
- Schachenmayr
  www.schachenmayr.de
- Schoppel Wolle
  www.schoppel-wolle.de

Kreativ-Service

Sie haben Fragen zu den Büchern und Materialien? Frau Erika Noll ist für Sie da und berät Sie rund um alle Kreativthemen. Rufen Sie an! Wir interessieren uns auch für Ihre eigenen Ideen und Anregungen. Sie erreichen Frau Noll per E-Mail: **mail@kreativ-service.info** oder Tel.: **+49 (0) 5052/91 18 58** Montag–Donnerstag: 9–17 Uhr / Freitag: 9–13 Uhr

Besuchen Sie uns im Internet: **www.christophorus-verlag.de**